LECTURES CLE EN FRANÇAIS FACILE

LA PETITE FADETTE

GEORGE SAND

Adapté en français facile
par Elyette Roussel

© CLE International/SEJER, 2020 - ISBN : 978-209-031155-6

N° éditeur : 10304522 - Dépôt légal : octobre 2020
Imprimé en France en septembre 2024 par la Société SEVEN - 91942 COURTABŒUF

GEORGE SAND – dont le vrai nom est Aurore Dupin – naît en 1804 à Paris et passe son enfance à Nohant, dans le Berry.

À la suite d'un mariage malheureux, elle se sépare de son mari et part pour Paris avec ses deux enfants.

Elle mène une vie très libre, scandaleuse pour l'époque (elle aura pendant toute sa vie de nombreuses liaisons, entre autres avec Alfred de Musset, Franz Liszt et Frédéric Chopin), et écrit ses premiers romans.

En 1830, elle fait la connaissance de l'écrivain Jules Sandeau, et elle s'inspire de son nom pour devenir l'écrivain George Sand. Son premier roman signé de ce nom, *Indiana*, paraît en 1832.

Ses romans les plus connus sont ses romans dits champêtres, dans lesquels elle montre un grand intérêt pour les paysans du Berry : *La Mare au diable* (1846), *François le Champi* (1847), *La Petite Fadette* (1849), *Les Maîtres sonneurs* (1853)...

Elle meurt en 1876 dans sa maison de Nohant.

***

George Sand appartient au groupe des romanciers idéalistes pour qui le roman doit embellir la réalité et idéaliser les personnages. « L'art n'est pas une étude de la réalité positive, c'est une recherche de la réalité idéale », écrit-elle dans l'introduction de *La Mare au diable*.

La Petite Fadette est un roman champêtre, c'est-à-dire un roman qui étudie les habitudes de vie de la campagne, une campagne que George Sand connaît bien : celle du Berry où elle a passé une partie de son enfance.

Les mots ou expressions suivis d'un astérisque* dans le texte sont expliqués dans le Vocabulaire, page 59.

CHAPITRE I

Le père[1] Barbeau, qui habite à la Cosse, est un homme important : il a deux champs pour nourrir toute sa famille, des prés pleins d'herbe pour ses bêtes, une maison avec un jardin, une vigne[2] et un verger[3]. C'est un homme courageux, pas méchant et qui aime beaucoup sa famille.

Il a déjà trois enfants lorsque la mère[4] Barbeau lui donne deux garçons à la fois, deux beaux jumeaux[5] si semblables qu'on ne peut presque pas les distinguer[6] l'un de l'autre : il s'agit de deux bessons[7].

Ils appellent l'aîné[8] Sylvinet et le cadet[9] Landry.

---

1. Père : dans le monde rural, on dit souvent « le père » (au lieu de « monsieur ») pour parler d'un homme âgé et « la mère » (au lieu de « madame ») pour parler d'une femme âgée.
2. Vigne : ensemble de petits arbres qui donnent du raisin (pour faire du vin).
3. Verger : jardin où l'on ne cultive que des arbres fruitiers (= qui donnent des fruits).
4. Mère : voir note 1.
5. Jumeau : deux enfants nés au même moment de la même mère sont jumeaux.
6. Distinguer : faire la différence.
7. Bessons : mot employé dans le Berry pour désigner des jumeaux.
8. Aîné : qui est né le premier.
9. Cadet : qui est né le deuxième.

– Ma chère femme, dit le père Barbeau en regardant les deux bébés qui viennent de naître, ces deux enfants sont beaux et bien faits ; ils n'ont pas de défaut sur le corps et je suis bien content.

La mère Sagette, qui a aidé la mère Barbeau à mettre ses enfants au monde, lui dit :

– Ces deux bessons sont en bonne santé et très beaux. Vous aurez beaucoup de plaisir à les voir grandir, et vous seule pourrez faire entre eux une différence car je n'ai jamais vu deux bessons si pareils.

– Mais, dit le père Barbeau en se grattant la tête, j'ai entendu dire que les bessons ressentent tellement d'amitié l'un pour l'autre qu'ils ne peuvent pas vivre l'un sans l'autre et que, s'ils sont séparés, un des deux au moins se laisse mourir de chagrin.

– C'est vrai, répond la mère Sagette, mais écoutez ce que je vais vous dire : ne les laissez pas toujours ensemble. Emmenez l'un au travail pendant que l'autre gardera la maison. Quand l'un ira pêcher, envoyez l'autre à la chasse. Ne les grondez pas tous les deux à la fois et ne les habillez pas de la même façon. Et surtout, cherchez une nourrice[1] car il ne faut pas les nourrir avec le même lait.

En attendant de trouver une nourrice, la mère

---

1. Nourrice : femme qui nourrit de son lait le bébé d'une autre femme.

Barbeau donne le sein aux deux enfants et, après quelques jours, elle dit à son mari :

– Je ne vois pas pourquoi nous allons dépenser de l'argent pour payer une nourrice. J'ai assez de lait pour les deux bébés et je ne veux pas me séparer de Sylvinet ou de Landry ; et puis, comment voulez-vous que deux enfants qui tètent[1] s'aiment trop alors qu'ils ne savent même pas reconnaître leurs mains de leurs pieds ?

***

Les deux bessons grandissent sans aucun problème. Ils sont blonds, avec de grands yeux bleus, et ils parlent avec la même voix. Ils sont habillés de la même façon et ils sont tellement semblables que quand l'un casse le bout de son sabot*, l'autre abîme bien vite le sien au même pied ; quand l'un déchire sa blouse* ou sa veste*, l'autre fait immédiatement la même chose.

Leur amitié augmente avec l'âge : ils ne peuvent pas s'amuser avec d'autres enfants quand un des deux est absent ; un jour où le père a essayé d'en garder un avec lui toute la journée, tandis que l'autre restait avec la mère, ils ont été si tristes et si pâles qu'on a cru qu'ils étaient malades.

Le père Barbeau a essayé également de les

---

1. Téter : sucer le sein de la mère pour boire son lait.

rendre jaloux. S'ils faisaient une petite faute, il tirait les oreilles de Sylvinet, par exemple, et disait à Landry : « Pour cette fois, je te pardonne à toi parce que tu es le plus raisonnable. » Mais en voyant que son frère n'était pas puni, Sylvinet était tout content d'avoir les oreilles chaudes et Landry, lui, pleurait comme si son père lui avait tiré les oreilles.

Au premier regard, on ne voit aucune différence entre les bessons, mais quand on les observe bien, on voit que Landry est un tout petit peu plus grand et plus fort que son frère, qu'il a un peu plus de cheveux, le nez plus gros, les yeux plus brillants et l'air plus décidé. Les gens de l'endroit les reconnaissent bien et ils savent que Landry est plus fort que Sylvinet.

CHAPITRE II

*L*ES BESSONS ont maintenant quatorze ans ; le père Barbeau pense qu'ils ont l'âge de travailler. Comme il n'y a pas assez de travail à la Bessonnière[1] pour les deux enfants, il décide d'en envoyer un chez un voisin. Le père Caillaud, qui habite à la Priche, et qui est un brave homme, veut bien en prendre un pour l'aider dans les travaux des champs et pour s'occuper des vaches et des bœufs.

En apprenant la nouvelle, les bessons deviennent très tristes.

– Le père Caillaud ne peut pas nous prendre tous les deux, dit Landry à Sylvinet. Nous devons décider nous-mêmes qui de nous deux doit partir.

– Partir ou rester, pour moi c'est la même chose, répond Sylvinet.

– Oui, mais celui qui restera avec nos parents sera moins seul que celui qui ne verra plus ni son besson, ni son père, ni sa mère, ni son jardin, ni ses bêtes, ni tout ce qu'il aime.

---

1. Bessonnière : nom de la maison et de la propriété où sont nés les bessons.

En entendant cela, Sylvinet se met à pleurer. Landry pleure aussi, mais pas autant.

– Sylvinet, il vaut mieux que je m'en aille. Je suis un peu plus fort que toi et je serai plus tranquille si je sais que tu restes avec notre mère qui te consolera et te soignera. Nous ne serons pas loin l'un de l'autre. Les terres du père Caillaud sont à côté des nôtres et nous pourrons nous voir tous les jours. Dès que j'aurai fini ma journée de travail, je viendrai vite te voir. Toi, tu viendras me voir travailler en te promenant. Allons dire à notre père que nous sommes prêts à lui obéir.

– Mes enfants, je suis content de vous, leur dit le père Barbeau en apprenant leur décision.

* * *

Le père Barbeau sait bien qu'une seule chose peut empêcher le départ de Landry : le chagrin de Sylvinet. Il réveille donc Landry avant le jour, en faisant bien attention de ne pas réveiller son frère qui dort à côté de lui.

– Allons, petit, lui dit-il tout bas, il faut partir.

Ne fais pas de bruit pour ne pas réveiller ta mère ; elle va pleurer si elle te voit partir.

– Je ne peux pas partir sans dire adieu à mon frère.

– Si ton besson se réveille et te voit partir, il pleurera et réveillera ta mère. Et ta mère pleurera encore plus fort. Je te promets que ce soir j'irai te voir avec ton frère. Et demain, comme c'est dimanche, tu viendras voir ta mère.

* * *

Le père Caillaud est tout content en voyant qu'on lui amène le plus fort des deux bessons. Il devine la peine de Landry car il sait que les deux frères s'aiment beaucoup et, pour lui donner du courage, il lui sert une assiette de soupe et un pichet[1] de vin, puis il l'emmène dans les champs et lui montre les bœufs dont il va s'occuper.

Landry est fier de savoir que c'est lui qui va s'occuper d'eux car ce sont les mieux nourris et les plus forts de toute la région.

* * *

Lorsque Sylvinet se réveille, il est fâché[2] de voir que son frère est parti sans lui dire adieu.

– Qu'est-ce que je lui ai fait ? dit-il à sa mère. Il m'avait promis de ne pas s'en aller sans déjeuner avec moi. Je voulais préparer ses affaires et lui donner mon couteau qui est meilleur que le sien. Vous avez donc préparé ses affaires hier

---

1. Pichet : récipient pour la boisson.
2. Fâché : mécontent.

soir, sans rien me dire, ma mère, et vous saviez qu'il voulait partir sans me dire adieu ?

– J'ai fait selon la volonté de ton père !

En la voyant pleurer, Sylvinet l'embrasse et lui demande pardon d'avoir augmenté sa peine, puis il part en courant vers la Priche. Mais en chemin, il rencontre son père qui le prend par la main et lui dit :

– Nous irons voir ton frère ce soir. Il travaille maintenant.

Le soir, Sylvinet a tellement envie de voir son besson qu'il part en courant, sans même souper. Et il espère bien que Landry aura fait la même chose que lui et qu'ils se retrouveront au milieu du chemin. Mais Landry, qui a eu peur de recevoir les moqueries[1] des jeunes gens de la Priche, n'a pas osé bouger, et Sylvinet le trouve à table, buvant et mangeant avec la famille Caillaud.

Séparé de son besson, Sylvinet devient pâle, dort mal, ne joue plus et ne mange presque pas. Il va voir Landry tous les jours et celui-ci, pour lui faire oublier sa peine, lui montre les grands bœufs et les belles vaches du père Caillaud. Il lui parle de son travail, de la famille de son maître, et lui dit qu'il est heureux. Sylvinet est content de voir que le père Caillaud traite son besson comme

---

1. Moquerie : parole par laquelle on rend une autre personne ridicule.

un de ses propres enfants, mais en même temps, il sent naître en lui un sentiment nouveau : la jalousie. Il souffre de voir son frère content de travailler à la Priche, de le sentir plus fier des bœufs du père Caillaud que de ceux de son père, mais surtout il est jaloux de lui lorsqu'il le voit rire et parler avec les autres garçons de la Priche.

– Tu ne m'aimes pas, Landry, lui reproche-t-il tous les jours, car tu fais plus attention aux autres enfants qu'à moi.

Enfin, son amitié pour Landry devient si exigeante et son humeur si triste que Landry commence à ne pas se sentir heureux lorsqu'il le voit.

CHAPITRE III

*S*YLVINET SE MET À BOUDER[1] son frère et il passe des semaines entières sans aller le voir à la Priche, tout en mourant d'envie[2] de le faire.

Un dimanche, il quitte même la maison pour ne pas passer la journée avec son frère, qui vient pourtant le voir tous les dimanches. Landry est bien triste et trouve son besson vraiment injuste avec lui.

– Hélas ! lui dit sa mère en sanglotant, cet enfant me donne beaucoup de souci[3]. Il me fera mourir ! Il est parti avant le jour, sans rien manger. Le soleil commence à descendre et il n'est pas encore revenu... J'espère qu'il ne lui est rien arrivé. Il est si malheureux depuis ton départ que j'ai toujours peur qu'il fasse quelque chose pour se donner la mort.

Inquiet lui aussi, Landry part aussitôt à la recherche de son besson. Il court de tout côté, le cherche dans les bois, l'appelle, en vain.

---

1. Bouder : montrer qu'on n'est pas content.
2. Mourir d'envie : avoir très envie.
3. Souci : préoccupation.

– Mon Dieu ! J'espère qu'il n'est pas tombé dans la rivière !

Landry est tellement désespéré qu'il décide d'aller voir une femme veuve[1], qu'on appelle la mère Fadet. Elle soigne beaucoup de maladies avec des remèdes[2] qu'elle prépare elle-même et elle peut même faire retrouver des choses ou des personnes perdues. Mais la vieille femme ne l'écoute pas et Landry repart vers la rivière, la tête basse.

À ce moment, il sent que quelqu'un lui tape sur l'épaule : c'est Françoise, la petite-fille de la mère Fadet, qu'on appelle dans la région la petite Fadette, parce que c'est son nom de famille et aussi parce qu'on la croit un peu sorcière[3]. C'est une fillette de quatorze ans, maigre, toujours mal coiffée et mal habillée. Elle vit avec sa grand-mère et son petit frère Jeanet, qu'on appelle Jeanet le sauteriot[4] car il boite[5].

– Qu'est-ce que tu me donneras si je t'aide à retrouver ton besson avant la nuit ?

– Je te donnerai ce que tu voudras, lui répond Landry, prêt à donner tout ce qu'il a pour retrouver son besson.

---

1. Veuve : femme dont le mari est mort.
2. Remède : médicament.
3. Sorcière : personne qui fait des choses magiques. Dans le Berry, une fadette est une petite fée.
4. Sauteriot : allusion au fait qu'il boite et qu'il a l'air de sauter.
5. Boiter : marcher en penchant le corps d'un côté parce qu'on a une jambe plus courte que l'autre.

– Retourne au bord de la rivière et là où tu verras un agneau, tu verras ton frère. Je ne te dis pas maintenant ce que je veux ; mais souviens-toi de ce que tu m'as promis. Je te le réclamerai un jour.
– C'est promis, Fadette, lui répond Landry.

Et, sans perdre de temps, il court jusqu'à la rivière. Là, il trouve son frère assis au bord de l'eau, avec un petit agneau dans ses bras.

***

Les jours suivants, Landry pense souvent à la promesse qu'il a faite à la petite Fadette.

« Que fera mon père si elle vient lui demander une récompense[1] ? » se demande-t-il, inquiet.

Mais les jours passent et la fillette ne lui demande rien. Chaque fois qu'il la rencontre, Landry fait semblant de ne pas la voir. En même temps, il a honte[2] car elle l'a aidé à retrouver son frère et il ne lui a même pas dit merci.

***

Il y a déjà dix mois que Landry travaille à la Priche. Le père Caillaud est si content de lui qu'il a décidé de le garder et d'augmenter ses

---

1. Récompense : ce qu'on donne à quelqu'un pour le remercier d'avoir fait une bonne action.
2. Avoir honte : se sentir gêné après qu'on a commis une faute.

gages[1]. Landry est heureux de rester à la Priche parce qu'il est près de sa famille et aussi parce qu'il aime bien la petite Madelon, une nièce du père Caillaud qui a son âge et qui est une jolie fille. Il danse avec elle à toutes les fêtes du village.

Tout va pour le mieux jusqu'au jour de la Saint-Andoche, qui est la fête du bourg[2] de la Cosse et qui a lieu les derniers jours de septembre. Ce jour-là, il y a des jeux et un bal sous les grands arbres de l'église.

À l'occasion de cette fête, le père Caillaud donne à Landry la permission d'aller coucher chez ses parents, et Landry part tout content de pouvoir faire une surprise à son besson qui ne l'attend que le lendemain.

Il marche vite car c'est la saison où la nuit tombe de bonne heure. Pour aller chez lui, il doit traverser la rivière au gué[3] des Roulettes, où il n'y a presque pas d'eau. Landry connaît bien le gué car il l'a traversé très souvent. Et puis il ne peut pas se tromper car juste en face se trouve la maison de la mère Fadet, et le soir la lumière sert de guide. Il fait quelques pas et l'eau lui arrive rapidement plus haut que le genou. Il retourne en arrière, essaie de traverser

---

1. Gages : salaire d'un domestique.
2. Bourg : gros village.
3. Gué : endroit d'une rivière où il y a peu d'eau et où l'on peut traverser à pied.

un peu plus loin mais trouve encore plus d'eau.

« Je ne traverse sûrement pas au bon endroit, se dit-il. Pourtant le gué est bien ici puisque je vois la lumière de la maison. »

Il essaie plusieurs fois de traverser mais, chaque fois, l'eau lui monte rapidement aux genoux. Et puis il lui semble que la lumière change de place et qu'elle passe d'un côté de la rivière à l'autre. Landry prend peur ; il s'agit sûrement d'un feu follet[1], et il a entendu dire que ce feu-là est méchant et que beaucoup de personnes se sont perdues à cause de lui. Il ferme les yeux, mort de peur, et entend derrière lui une petite voix très douce qui chante. C'est la petite Fadette. Il l'appelle.

– C'est moi, Fanchon[2]. Je ne peux pas traverser le gué à cause du feu follet.

– Donne-moi la main, poltron[3]. Le follet n'est pas aussi méchant que tu le crois.

– C'est la deuxième fois que tu me rends service[4], Fanchon Fadet, lui dit-il en arrivant de l'autre côté de la rivière. Je m'en souviendrai toute ma vie. Demande-moi ce que tu veux et je te le donnerai.

---

1. Feu follet : petit diable qui a l'apparence du feu et qui s'amuse à faire peur aux gens (croyance populaire).
2. Fanchon : diminutif de Françoise.
3. Poltron : qui a peur.
4. Rendre service à quelqu'un : aider quelqu'un.

– Eh bien, demain, à la Saint-Andoche, tu me feras danser trois bourrées[1] après la messe, deux bourrées après les vêpres[2] et encore deux bourrées après l'Angélus[3]. Et pendant toute la journée tu ne danseras avec personne d'autre. Bonsoir. Je t'attends demain soir à la porte de l'église, pour ouvrir la danse[4].

---

1. Bourrée : danse régionale.
2. Vêpres : prières qui se disent l'après-midi.
3. Angélus : prière qui se dit le soir.
4. Ouvrir la danse : danser la première danse d'un bal.

CHAPITRE IV

*L*ANDRY trouve d'abord l'idée de la Fadette[1] très drôle.
– Voilà une fille plus folle que méchante, et pas intéressée[2] du tout car sa récompense ne coûte pas très cher.

Mais, plus il pense à ce qu'elle a demandé, plus il trouve que cela va être dur. La petite Fadette danse très bien, il le sait, mais elle est si laide et si mal habillée, même le dimanche, qu'aucun garçon de l'âge de Landry ne la fait jamais danser.

Et puis il se souvient qu'il a promis à la belle Madelon de danser avec elle et il se demande ce qu'elle va penser de lui et ce qu'elle va faire en le voyant danser uniquement avec la petite Fadette.

Le lendemain, en sortant de l'église, Landry voit la petite Fadette qui l'attend ; à côté d'elle se trouve la belle Madelon qui est bien sûre que la première invitation sera pour elle. Mais quand il s'approche pour lui parler, la Fadette fait un pas en avant et lui dit bien fort :

---

1. La Fadette : à la campagne, on utilisait souvent l'article devant le nom ou le prénom d'une personne.
2. Être intéressé : qui cherche un intérêt personnel et matériel.

– Allons, Landry, je te rappelle que tu m'as invitée hier soir pour la première danse.

Landry devient rouge de honte. Il n'ose pas regarder Madelon et trouve la Fadette encore plus laide que d'habitude. Elle est encore plus mal fagotée* que les autres jours. Elle a une coiffe* jaunie[1] ; son cotillon* de droguet* est trop court et laisse voir des bas* sales ; son corsage*, d'un rouge clair, n'est plus à la mode.

Il ne sait pas comment expliquer à son besson et à ses amis pourquoi il danse avec la Fadette et il est peiné de voir la Madelon partir toute fière avec trois autres garçons.

Comme il le lui a promis, Landry danse trois bourrées après la messe et deux autres après les vêpres avec la petite Fadette ; et il ne danse avec personne d'autre.

– Voyez donc notre Fadette comme elle a de la chance aujourd'hui ! commentent les gens du village. Landry Barbeau la fait danser à tout moment. Elle lui a sûrement lancé un sort[2] !

– Landry est un beau garçon, mais quelle idée de faire danser la fille la plus laide de toutes ! disent les autres.

– Que voulez-vous ? affirme la Madelon, c'est

---

1. Jauni : qui est devenu jaune (et qui n'est donc plus neuf).
2. Lancer un sort : faire qu'une chose, généralement désagréable, arrive à une personne. Les sorcières jettent des sorts.

encore un petit enfant et, à son âge, on ne sait pas ce qu'on fait !

Landry a honte et Sylvinet encore plus que lui.
– Allons-nous-en, frère, lui dit Sylvinet, car on se moque de toi. Je ne sais pas pourquoi tu as fait

danser la Fadette si souvent. Partons, nous reviendrons après l'Angélus et tu feras danser la Madelon qui est une fille bien.

Landry le suit mais il se retourne en entendant des cris et il voit que des enfants viennent d'enlever la coiffe de la petite Fadette d'un coup de poing. Ses grands cheveux noirs pendent dans son dos et elle pleure de rage car elle ne peut pas reprendre sa coiffe qu'un méchant garçon emporte au bout d'un bâton.

Landry rattrape le gamin[1], lui prend le bâton dont il se sert pour lui donner un coup et, prenant la petite Fadette par la main, il lui redonne sa coiffe. Puis se tournant vers les autres garçons :

– Qu'est-ce que cela peut bien vous faire si je danse avec cette fille ? Quelqu'un a dit que j'étais encore un petit garçon, mais pas un seul de vous n'a été capable de me le dire en face. Mets ta coiffe, Fadette, et dansons. Je veux voir si quelqu'un viendra te l'enlever.

– Non, dit la petite Fadette en essuyant ses larmes ; j'ai assez dansé aujourd'hui.

Mais Landry la fait danser encore et personne n'ose rien dire. Après cette bourrée, la petite Fadette lui dit tout bas :

– C'est assez, Landry. Je suis contente de toi. Danse avec qui tu voudras ce soir.

---

1. Gamin : petit garçon.

CHAPITRE V

*E*N RENTRANT À LA PRICHE, le soir, Landry entend quelqu'un pleurer et il s'approche. C'est la petite Fadette.

– C'est toi qui pleures comme ça ? Est-ce à cause des méchancetés qu'on t'a faites aujourd'hui ? C'est aussi un peu de ta faute, tu sais.

– Pourquoi dis-tu cela, Landry ?

– Je vais te dire pourquoi on ne t'aime pas, Fadette. D'abord, tu ne prends pas soin de ta personne. Tu n'as pas l'air propre et tu es toujours si mal habillée que tu sembles laide. Tu es curieuse et, quand tu as surpris les secrets des autres, tu les leur dis bien durement. C'est pour cela que les gens ont peur de toi et qu'ils te détestent[1]. Enfin, je ne sais pas si tu es une sorcière ou pas, mais tu fais tout ce que tu peux pour que les gens le croient et c'est pour cela que tu as mauvaise réputation[2].

– Je te remercie, Landry, répond la petite Fadette d'un air très sérieux. Tu m'as dit ce que

---

1. Détester : ne pas aimer.
2. Avoir mauvaise réputation : ne pas être bien considéré par les autres.

tout le monde me reproche et tu me l'as dit avec beaucoup d'honnêteté, ce que les autres ne font pas. Mais je suis plus à plaindre[1] qu'à blâmer[2], tu sais.

« Je n'ai jamais eu de chance depuis que je suis née. Je ne veux pas dire de mal de ma pauvre mère que tout le monde insulte[3]. Mais le monde est si méchant que, depuis que ma mère m'a abandonnée, tout le monde me reproche sa faute et veut me forcer à avoir honte d'elle. Mais moi, vois-tu, je ne peux pas. C'est plus fort que moi. Ma mère sera toujours ma mère et je l'aimerai toujours de tout mon cœur. Aussi, quand on m'appelle enfant de coureuse[4], je me mets en colère. Et comme je ne sais pas la défendre, je la venge[5] en disant aux autres les vérités qu'ils méritent d'entendre.

« J'aime aider les gens et je connais des herbes qui guérissent. Mais au lieu de me remercier, les gens que j'aide à guérir disent que je suis une sorcière.

« Et si je suis si mal habillée, c'est parce que je n'ai pas d'argent et que personne ne m'a montré comment m'habiller correctement. Ma grand-

---

1. Plaindre quelqu'un : sentir de la peine pour quelqu'un.
2. Blâmer : critiquer, faire des reproches.
3. Insulter : dire quelque chose qui fait mal.
4. Coureuse : femme qui couche avec plusieurs hommes.
5. Venger : réparer une injure en punissant celui qui l'a faite.

mère me donne à manger, c'est tout. Elle ne me donne pas d'argent et ne s'occupe pas de moi.

« On dit que j'ai seize ans et que je ne travaille pas parce que je ne veux pas ; que je préfère courir dans les champs.

– Ce n'est pas vrai ?

– Ma grand-mère ne m'aime pas bien, mais elle ne veut pas que je travaille dans une ferme car elle a besoin de moi. Elle n'a plus de bons yeux ni de bonnes jambes pour trouver les herbes qu'elle utilise pour soigner les gens, et c'est moi qui vais les chercher pour elle. Je m'occupe aussi de son troupeau de moutons et de chèvres. Et puis, il y a aussi une autre raison : lorsque ma mère m'a abandonnée, elle m'a laissé un pauvre enfant encore plus laid que moi, boiteux de naissance et maladif[1] : mon petit frère Jeanet. Ma grand-mère ne l'aime pas et le pauvre n'a que moi pour le défendre.

« Voilà tous les torts que j'ai, Landry. Moi, je pardonne à ceux qui me connaissent mal. »

– Personne ne connaît ton bon cœur. Pourquoi ne dis-tu pas à tout le monde ce que tu viens de me dire ? Les gens ne parleraient pas aussi mal de toi...

– Je n'ai pas besoin de plaire à qui ne me plaît pas.

---

1. Maladif : qui est souvent malade.

– Mais si tu me l'as dit, c'est donc que tu as plus d'estime[1] pour moi que pour les autres ? Je croyais que tu ne m'aimais pas.

– Je croyais que tu étais un poltron mais tu m'as montré aujourd'hui que tu avais du courage. Tu m'as défendue contre de méchants enfants et ce soir, en m'entendant pleurer, tu es venu me consoler. Je n'oublierai jamais cela, Landry. Je sais que je t'ai fait une grosse peine aujourd'hui : je ne savais pas que tu étais amoureux de Madelon et, sans le vouloir, je t'ai fâché avec elle en t'obligeant à danser avec moi. Tu es un bon garçon, Landry, et je dirai toute la vérité à la Madelon.

---

1. Estime : bonne opinion envers une personne.

CHAPITRE VI

*L*E LENDEMAIN, Landry voit la petite Fadette s'approcher de la Madelon. Comme il est curieux de savoir ce qu'elle va lui dire, il la suit sans faire de bruit et se cache derrière un fourré[1].

La petite Fadette raconte à la Madelon, sans lui donner beaucoup de détails, qu'elle a aidé Landry plusieurs fois et, comme remerciement, qu'elle lui a demandé de danser avec elle et seulement avec elle pour la fête de la Saint-Andoche.

– Et puis, j'avais envie de danser avec un grand gars[2], moi qui ai toujours dansé avec des petits.

– Qu'est-ce que ça peut bien me faire ? s'écrie la Madelon, en colère. Danse toute ta vie avec ce besson, si tu veux, cela ne me fera pas de peine ; Landry n'est qu'un enfant et un sot.

– Ne dites pas des mots si durs pour le pauvre Landry, Madelon.

– Je n'aime pas parler avec les sorcières, ça porte malheur. Tu as trouvé un galant[3], garde-le.

---

1. Fourré : ensemble d'arbustes et de plantes.
2. Gars : garçon.
3. Galant : fiancé.

Je ne veux pas de Landry ; il doit être peu important pour toi puisque, croyant me l'avoir enlevé, tu viens déjà me demander de le reprendre.

— Vous croyez que je dédaigne[1] Landry ! Eh bien sachez que je l'aime depuis longtemps et que c'est le seul garçon à qui je pense. Mais je sais ce qu'il est et je sais ce que je suis : il est beau, riche et les gens pensent beaucoup de bien de lui, et moi je suis laide, pauvre et méprisée[2]. Je sais donc très bien qu'il n'est pas pour moi et vous avez dû voir comme il me dédaignait à la fête.

* * *

La semaine suivante, Landry pense à la petite Fadette tous les jours. Il la cherche mais ne la rencontre pas une seule fois.

Le dimanche, il arrive de bonne heure à la messe, car il sait que la Fadette a l'habitude de venir pour faire de longues prières. Il voit une petite, agenouillée[3], qui cache son visage dans ses mains pour prier, mais il ne reconnaît pas ses vêtements. Il sort de l'église pour voir si elle n'est pas dehors mais il ne la trouve pas et entre à nouveau.

Il regarde de nouveau cette fille qui prie, la voit

---

1. Dédaigner quelqu'un : considérer une personne indigne et ne pas s'intéresser à elle.
2. Méprisé : dédaigné.
3. Agenouillé : avoir les deux genoux sur le sol.

lever la tête et reconnaît la petite Fadette, dans des habits* et un air tout nouveaux pour lui. C'est toujours ses pauvres vêtements, son jupon* de droguet, son corsage rouge et sa coiffe très simple, mais elle a tout lavé, recoupé et recousu pendant la semaine. Sa robe* est plus longue, ses bas sont bien blancs ainsi que sa coiffe. Ses cheveux noirs sont bien peignés et son fichu* est neuf. Elle se retourne, le regarde, devient un peu rouge et cela la fait paraître presque belle. Après sa prière, la petite Fadette s'en va discrètement et Landry la suit.

***

Landry s'assoit à côté d'elle sans rien dire.

– Tu vois, j'ai suivi ton conseil et maintenant je suis bien coiffée et mieux habillée.

– Je ne sais pas ce que tu as fait pour devenir jolie, mais aujourd'hui tu l'es.

– Est-ce que la Madelon t'a pardonné ?

– Je sais que tu lui as parlé parce qu'elle l'a raconté à quelqu'un qui me l'a dit.

– Et que lui a dit la Madelon ?

– Elle lui a dit que j'étais un sot qui ne plaisait à aucune fille, pas même à la petite Fadette, et que tu t'étais cachée toute la semaine pour ne pas me voir ; que moi je t'avais cherchée des jours entiers. Maintenant tout le monde se moque de moi, Fanchon, parce que tout le

monde sait que je t'aime et que tu ne m'aimes pas.

La petite Fadette est assez intelligente pour reconnaître que Landry est amoureux d'elle comme un fou et elle a peur de perdre ce bonheur si vite gagné.

***

Pendant les semaines suivantes, Landry réussit à voir la petite Fadette tous les jours. Quand il fait mauvais temps, ils se retrouvent dans un colombier[1] abandonné par les pigeons depuis de longues années. Et quand le temps est doux, ils se promènent dans la campagne, et la petite Fadette lui apprend à reconnaître les herbes et à les utiliser comme remèdes pour soigner les hommes et les bêtes. La petite Fadette devient gentille avec tout le monde, et bientôt les gens changent de ton et de manières avec elle : ils ne l'injurient plus et parlent bien d'elle.

– Cette petite, dit le père Henri, n'a pas mauvais cœur, c'est moi qui vous le dis. Elle a souvent gardé mes petits-enfants dans les champs quand ma fille était malade. Elle les soignait très bien et les enfants ne voulaient pas la quitter.

– Elle s'habille mieux et elle est presque jolie maintenant, ajoute une voisine.

---

1. Colombier : pigeonnier ; petit bâtiment où l'on élève des pigeons.

CHAPITRE VII

*L*ANDRY A TRÈS ENVIE de faire savoir à tout le monde son amour pour la petite Fadette, car il est très amoureux. Mais il ne le fait pas, à cause de son besson dont il connaît la jalousie. De plus, la petite Fadette, qui l'aime beaucoup, ne veut pas lui causer des problèmes dans sa famille et elle lui demande de garder le secret. Si bien que, pendant un an, personne ne découvre leur amour.

Mais les secrets ne durent pas toujours. Un dimanche, Sylvinet passe le long du mur du cimetière[1] et entend la voix de son besson :

– Pourquoi est-ce que tu ne veux pas venir danser ? dit-il à une personne que Sylvinet ne voit pas.

– Si tu me fais danser une fois, tu voudras le faire tous les dimanches, répond une voix que Sylvinet ne reconnaît pas. Le jour où on saura que tu m'aimes, ce sera le début de nos peines.

Cette découverte est comme un coup de couteau dans le cœur de Sylvinet. Sans chercher à savoir qui est la fille que Landry aime, il s'en va.

---

1. Cimetière : endroit où l'on enterre les morts.

Peu à peu, son ancien chagrin lui revient. Il redevient pâle et triste, a souvent de la fièvre, mais ne dit rien à personne.

***

La belle Madelon est très coquette. Elle a déjà eu deux amoureux, et maintenant son amoureux est le fils cadet du père Caillaud de la Priche, qu'on appelle Cadet Caillaud.

Un jour, Madelon et Cadet décident d'aller cacher leur amour dans le vieux colombier où se trouvent justement Landry et Fadette. Comme Cadet n'a pas la clé, il enfonce la porte et les quatre amoureux se retrouvent bien penauds[1] en se voyant les uns les autres.

Madelon ressent de la jalousie et de la colère en voyant Landry, qui est devenu un des plus beaux garçons du pays, et elle décide de se venger. Elle demande à quelques amies de surveiller la petite Fadette et celles-ci découvrent bien vite l'amour qui unit la Fadette à Landry. Et bien sûr, elles le disent à tout le monde.

Quinze jours plus tard, tout le monde connaît les amours de Landry le besson avec la petite Fadette.

Bien entendu, la mère et le père Barbeau l'ap-

---

1. Penaud : qui a honte.

prennent aussi, et Sylvinet, qui avait bien gardé le secret de son frère, a le chagrin de voir que tout le monde le sait.

Un soir que Landry quitte ses parents pour retourner à la Priche, son père lui dit, en présence de sa mère et de son besson :

– Je veux te demander une explication, Landry. Il paraît que tu as fait une connaissance il y a presque un an de cela, à la Saint-Andoche. On m'en a parlé dès le premier jour, car on t'a vu danser tout un jour de fête avec la fille la plus laide, la moins propre et la plus malfamée[1] de notre région. Mais je n'ai pas donné d'importance à la chose car je pensais que tu voulais seulement t'amuser. Mais depuis une semaine, j'entends dire bien autre chose.

– De quoi m'accusez-vous, mon père ?

– On t'accuse d'être amoureux de la petite-fille de la mère Fadet, qui est une mauvaise femme ; la propre mère de cette malheureuse enfant a quitté son mari, ses enfants et la région pour suivre des soldats. On t'accuse de te promener de tous côtés avec la petite Fadette.

– Est-ce à cause de sa famille, ou seulement à cause d'elle-même, que vous considérez Fanchon Fadet comme une mauvaise fréquentation[2] pour moi ?

---

1. Malfamé : qui a mauvaise réputation.
2. Fréquentation : personne avec qui on a des relations habituelles.

– C'est sans doute à cause de l'une et de l'autre. D'abord, le fait d'avoir une mauvaise mère n'est pas une bonne chose, et jamais une famille estimée[1] comme la mienne ne voudra un mariage avec quelqu'un de la famille Fadet. Et puis la petite Fadette n'a pas une bonne réputation. J'ai bien entendu dire que, depuis un an, elle ne parle mal à personne et se conduit beaucoup mieux, mais cela ne suffit pas. On m'a même dit que la petite était enceinte[2] et, si c'est vrai, cela me fait beaucoup de peine car on te le reprochera.

– Mon père, dit Landry plein de colère, ceux qui ont dit cela ont menti comme des chiens. Ce sont des lâches[3] et ils ont fait une telle insulte à Fanchon Fadet que je me battrai avec eux. Il n'y a pas sur la terre deux filles aussi honnêtes et aussi bonnes, aussi désintéressées que Fanchon, vous pouvez me croire !

---

1. Estimé : bien considéré, aimé.
2. Enceinte : qui attend un enfant.
3. Lâche : qui manque de courage.

CHAPITRE VIII

*E*N SORTANT DE CHEZ SES PARENTS, Landry va frapper à la porte de la petite Fadette et lui raconte sa peine.

– Écoute, Landry, lui dit-elle, avec le temps, ton père et ta mère verront bien que je suis honnête et que je ne t'aime pas pour ton argent. Ils auront confiance en moi et alors nous pourrons nous voir sans nous cacher. En attendant, tu dois obéir à ton père qui va sûrement t'interdire de me voir.

– Je n'aurai jamais le courage de ne pas te voir, dit Landry.

– Eh bien ! si tu ne l'as pas, je l'aurai pour toi. Je partirai, je quitterai la région. On m'offre une bonne place dans la ville de Château-Meillant et je vais l'accepter. Mais je reviendrai, Landry. Dans un an je reviendrai et je n'aurai jamais d'autre ami ni d'autre amoureux que toi.

***

Deux jours plus tard, Cadet Caillaud lui apprend que la petite Fadette est partie.

– Tu sais, Landry, j'ai de l'estime pour la Fadette depuis ce qui nous est arrivé au colombier, car elle n'a jamais rien dit, même pas pour se venger de la Madelon qui était l'auteur de toutes les vilaines choses qu'on a racontées sur elle et sur toi. La Fadette, qu'on disait méchante, a été bonne ; la Madelon, qu'on disait bonne, a été méchante avec tout le monde.

– Ne pense plus à cette Madelon qui nous a fait beaucoup de peine à tous, mon cher Cadet. J'ai une petite sœur, Nanette, qui est jolie, bien élevée, douce et qui va avoir seize ans. Viens nous voir un peu plus souvent, mon père t'estime beaucoup et, quand tu connaîtras Nanette, tu voudras sûrement devenir mon beau-frère !

***

Sylvinet est content d'apprendre que la petite Fadette est partie et il pense que maintenant son besson n'aimera que lui et passera tout son temps libre avec lui. Mais comme Landry ne peut pas lui parler de Fadette et qu'il ne peut pas vivre sans parler d'elle, il passe de plus en plus de temps avec Cadet Caillaud et avec le petit Jeanet qu'il emmène souvent promener.

***

En voyant que son frère passe beaucoup de temps avec Cadet et Jeanet, que sa sœur Nanette plaît à Cadet et que les deux familles approuvent cette relation, le pauvre Sylvinet tombe malade et la fièvre ne le quitte plus. Il ne rit plus, n'a plus de goût à rien et n'a plus la force de travailler. Il dit que personne ne l'aime et qu'il veut mourir.

La mère Barbeau ne sait plus que faire et elle va demander conseil à la mère Sagette, qui l'a aidée à mettre ses enfants au monde.

– Une seule chose peut sauver votre enfant, c'est qu'il aime une femme, lui dit-elle.

– Justement, il ne les aime pas. Depuis que son besson est amoureux, il ne dit que du mal de toutes les filles que nous connaissons.

– Le jour où il aimera une femme, il l'aimera encore plus follement qu'il n'aime son besson. Alors, pauvre ou riche, laide ou méchante, n'hésitez pas à la lui donner en mariage car il n'aimera qu'une seule femme dans sa vie.

Le père Caillaud, qui est un grand ami de la famille, donne un autre avis.

– L'absence est le meilleur remède. Voyez Landry ! Il aimait la petite Fadette comme un fou. Eh bien, après son départ, il n'a perdu ni la raison ni la santé.

« Éloignez Sylvinet de son frère. Ma ferme de la Priche va bien, mais celle d'Arthon va mal car le fermier est malade. Si vous le permettez, j'enverrai Landry pour l'aider. Nous dirons à Sylvinet que c'est pour huit jours. Et puis, au bout de huit jours, on lui dira que son besson doit rester huit jours de plus... Et Sylvinet s'habituera. »

Le père Barbeau suit ce conseil et Landry part dans la ferme du père Caillaud.

« Au moins, là où va mon besson, il ne connaît personne et ne se fera pas tout de suite de nouvelles amitiés, se dit Sylvinet. Il s'ennuiera un peu et pensera à moi plus souvent. Et quand il reviendra, il m'aimera davantage. »

Et Sylvinet retrouve la santé.

CHAPITRE IX

Un an après le départ de la petite Fadette, et trois mois après celui de Landry, Fanchon Fadet revient parce que sa grand-mère est tombée malade. Elle la soigne avec tendresse mais, au bout de quinze jours, la mère Fadet meurt.

Trois jours après l'enterrement, quelqu'un frappe à sa porte.

– Fanchon Fadet, êtes-vous là ? Me reconnaissez-vous ?

La joie de la petite Fadette est grande lorsqu'elle sent Landry la serrer sur son cœur.

– J'ai su que ta grand-mère était morte et je n'ai pas pu m'empêcher de venir te voir.

Ils passent toute la nuit à discuter et sont heureux d'être ensemble et de voir qu'ils s'aiment encore plus qu'avant.

– Je ne vais pas repartir, Landry, et j'ai de bonnes raisons de croire que nous nous marierons bientôt.

***

Deux jours plus tard, la petite Fadette s'habille proprement et va voir le père Barbeau. Elle porte un grand panier au bras.

– Père Barbeau, ma grand-mère ne vous aimait pas mais je sais que vous êtes l'homme le plus juste et le plus honnête de toute la région. Et puis, comme vous le savez, j'ai une très grande amitié pour votre fils Landry, et je sais par lui ce que vous êtes et ce que vous valez. C'est pourquoi je viens vous demander votre aide.

– Parlez, Fadette, lui répond le père Barbeau.

– Ma grand-mère a gagné dans sa vie plus d'argent qu'on ne pense et, comme elle ne dépensait presque rien, elle m'a laissé tout cet argent que je vous apporte dans ce panier. Je ne sais pas que faire avec cet argent et je viens vous demander un conseil pour le placer[1].

– Je n'ai pas le droit de vous dire ce que vous devez faire avec votre argent. Votre grand-mère a sans doute fait un testament.

– Elle n'a pas fait de testament et la tutrice[2] que la loi me donne, c'est ma mère. Vous savez bien que je n'ai pas de ses nouvelles depuis longtemps et que je ne sais pas si elle est morte ou vivante. Et moi, je ne suis pas capable de placer cet argent.

---

1. Placer de l'argent : mettre l'argent que l'on a dans une banque afin d'augmenter sa valeur.
2. Tuteur/tutrice : personne qui s'occupe de l'éducation et des intérêts d'un enfant qui n'a plus ses parents.

– Il y a donc beaucoup d'argent ?

Il prend le panier et le trouve lourd.

La petite Fadette ouvre le panier et le père Barbeau compte presque quarante mille francs. Il n'a jamais vu autant d'argent car lui-même n'en a pas autant.

– Réjouissez[1]-vous, car vous êtes maintenant la fille la plus riche de la région, petite Fadette ; vous pouvez le faire savoir si vous désirez trouver vite un beau mari.

– Je ne veux pas être épousée pour mon argent mais pour mon bon cœur et ma bonne renommée.

– Emportez cet argent et cachez-le. Je vais voir ce que je peux faire pour vous aider.

La petite Fadette repart toute contente ; le père Barbeau ne pourra plus l'accuser de vouloir épouser Landry pour son argent.

* * *

Pour le père Barbeau, l'honneur de la fille qu'il souhaite avoir pour bru[2] est plus important que sa dot[3] et, pour connaître la réputation qu'avait la petite Fadette dans la ville où elle a passé une année, il va lui-même à Château-Meillant.

---

1. Se réjouir : ressentir de la joie et de la satisfaction.
2. Bru : belle-fille ; pour un père, la jeune fille qui épouse son fils est sa bru.
3. Dot : tous les biens qu'une femme apporte à son mari en se mariant.

– C'est une parfaite chrétienne, courageuse, propre, soigneuse et aimable, lui dit la vieille religieuse chez qui la petite Fadette a travaillé pendant un an.

Le père Barbeau revient tout content et raconte à sa femme ce qu'il a appris sur la petite Fadette. Mais il ne lui parle pas de l'argent qu'elle a reçu de sa grand-mère.

De temps en temps, le père Barbeau parle de mariage. Sylvinet se rend compte que la petite Fadette commence à plaire à ses parents ; il redevient triste et a de nouveau de la fièvre. Sa mère ne sait pas quoi faire et les médecins ne donnent pas de solution.

Un jour, la mère Barbeau rencontre une vieille femme qui lui dit de demander conseil à la personne la plus indiquée pour soigner Sylvinet. Et elle nomme la petite Fadette.

CHAPITRE X

*F*ANCHON va voir Sylvinet. Elle le trouve endormi, à cause de la fièvre, et demande à la famille de la laisser seule avec le malade. Elle lui prend la main et met son autre main sur son front. Peu à peu, Sylvinet se calme et Fanchon sent que la main et la tête de son malade se rafraîchissent de minute en minute et que son sommeil devient calme. Alors elle sort de la chambre et dit à la mère Barbeau :

– Allez voir votre garçon et donnez-lui quelque chose à manger car il n'a plus de fièvre. Ne lui dites pas que je suis venue. Je reviendrai ce soir.

La Fadette revient et, comme le matin, elle reste seule avec Sylvinet pendant une heure, ne faisant rien d'autre que lui tenir les mains et la tête bien doucement. Et, comme le matin, la fièvre disparaît.

En trois jours, la fièvre de Sylvinet disparaît complètement. La mère Barbeau lui dit que la petite Fadette est venue pendant trois jours, matin et soir, et qu'elle l'a si bien soigné qu'il n'a plus de fièvre.

Le père Barbeau lui parle d'un possible

mariage de son besson, sans lui dire le nom de la fiancée.

– Vous n'avez pas besoin de me cacher le nom de la future femme de mon besson, répond Sylvinet. Je sais bien que c'est cette Fadette. Elle vous a tous charmés[1].

Depuis qu'il est allé à Château-Meillant, le père Barbeau est sûr de l'honnêteté de la petite Fadette et il souhaite rappeler Landry.

– Ton besson ne sera jamais heureux sans la petite Fadette, dit-il à Sylvinet.

– Alors, mariez-les, car il faut que mon frère soit heureux.

***

Chaque fois que la petite Fadette vient pour soigner Sylvinet, le père Barbeau lui parle de Landry ; mais elle fait semblant de ne pas l'écouter, et le père Barbeau a peur.

« Maintenant qu'elle a beaucoup d'argent, peut-être que la petite Fadette est amoureuse de quelqu'un d'autre », pense-t-il.

Un matin, il va la voir chez elle.

– Fanchon Fadet, lui dit-il, je viens vous poser une question et je vous demande de me dire la vérité. Avant la mort de votre grand-mère, est-ce

---

1. Charmer : ici, jeter un sort sur quelqu'un.

que vous saviez qu'elle allait vous laisser beaucoup d'argent ?

– Oui, père Barbeau, car je l'ai vue souvent compter son argent et aussi parce que, quand elle voyait que les autres filles se moquaient de mes guenilles*, elle me disait : « Un jour tu seras plus riche qu'elles. Avec l'argent que je te laisserai, tu pourras être habillée de soie* depuis les pieds jusqu'à la tête. »

– Avez-vous dit à Landry que vous alliez recevoir tout cet argent ? Peut-être qu'il a fait semblant d'être amoureux de vous...

– Landry m'aimait si honnêtement qu'il ne s'est jamais demandé si j'étais riche ou misérable.

– Et depuis la mort de votre grand-mère, est-ce que vous l'avez dit à Landry ?

– Non.

– Et pensez-vous que Landry est toujours amoureux de vous ?

– Il est venu me voir trois jours après la mort de ma grand-mère et il m'a dit : « Si tu ne deviens pas ma femme, je mourrai de chagrin. »

– Et qu'avez-vous répondu ?

– Que nous avons le temps et que je ne peux pas épouser un garçon sans l'accord de ses parents.

– Landry vous a aimée quand vous portiez des guenilles et quand personne dans le village ne vous aimait. Il vous a trouvée belle quand tout le monde disait que vous étiez laide. Alors je crois que vous pouvez le prendre comme mari.

– Je sais tout cela depuis longtemps, père Barbeau, mais je ne peux pas entrer dans une famille qui a honte de moi.

– La famille de Landry vous estime, Fanchon. Ne croyez pas qu'elle a changé parce que vous êtes riche. Ce n'est pas votre pauvreté qui ne nous plaisait pas mais toutes les vilaines choses qu'on disait de vous. Je suis allé à Château-Meillant et, maintenant, je sais qu'on m'avait menti et que vous êtes une personne sage et honnête, comme Landry l'affirmait. Fanchon Fadet, je viens vous demander d'épouser mon fils, et, si vous dites oui, il sera ici dans huit jours.

La petite Fadette met ses deux bras autour du cou du père Barbeau pour l'embrasser et le vieil homme est tout heureux de la serrer contre son cœur.

CHAPITRE XI

L ORSQU'IL APPREND que son frère va bientôt se marier, Sylvinet retombe malade. Il se couche et demande à sa mère :
— Où est la Fadette ? La dernière fois que j'ai été malade, elle m'a bien soigné. Est-ce qu'elle va revenir ?

La mère Barbeau va chercher la petite Fadette et celle-ci accepte aussitôt d'aller voir Sylvinet.

— Sylvinet, donnez-moi vos deux mains dans les miennes, lui dit-elle d'un ton de commandement.

Sylvinet lui obéit comme un enfant.

— Et maintenant, répondez-moi la vérité, car je ne veux pas perdre de temps. On m'a dit que vous souhaitez mourir, est-ce vrai ?

— J'ai une mauvaise santé et...

— Et un mauvais cœur, ajoute la Fadette d'un ton dur. Je n'ai aucune pitié pour votre maladie parce qu'elle n'est pas importante. Vous êtes égoïste et ingrat[1].

— Vous êtes dure avec moi parce que mon frère vous a sûrement mal parlé de moi.

---

1. Ingrat : qui ne reconnaît pas le bien qu'on lui fait.

— Je savais que vous alliez vous plaindre de votre besson et l'accuser. Landry vous aime mille fois plus que vous l'aimez ; il ne vous reproche[1] jamais rien tandis que vous, vous lui reprochez tout.

— Alors c'est vous qui avez mal parlé de moi à mon frère. Pourquoi est-ce que vous ne m'aimez pas, Fadette ?

— Vous êtes méchant, Sylvinet, car vous ne m'avez jamais aimée, et pourtant j'ai souvent renoncé au seul plaisir que j'avais, le plaisir de voir Landry, pour l'envoyer auprès de vous et vous donner du bonheur...

La Fadette continue à parler durement à Sylvinet et à lui reprocher beaucoup de choses. Il sent qu'elle a raison et qu'il a été égoïste sans le savoir et sans le vouloir.

* * *

Lorsque la petite Fadette revient le voir le lendemain, Sylvinet lui tend la main.

— Pourquoi est-ce que vous me donnez votre main, Sylvain ? Pour voir si vous avez de la fièvre ? Je vois bien sur votre visage que vous n'en avez plus.

---

1. Reprocher : dire à quelqu'un qu'il est responsable de quelque chose.

– C'est pour vous dire bonjour, Fadette, et pour vous remercier de ce que vous faites pour moi.

– Dans ce cas, j'accepte votre bonjour, dit-elle en lui prenant la main et en la gardant dans la sienne.

– Vous êtes gentille de venir me voir, lui dit-il d'une voix douce.

La petite Fadette lui parle avec douceur et tendresse. Ils restent un long moment ensemble, et quand elle veut retirer sa main, il la retient parce qu'il lui semble que cette main le guérit de sa maladie. Sylvain parle longtemps à la petite Fadette ; il pleure et lui demande d'être son amie.

Quand elle le voit plus calme, elle lui dit :

– Je vais sortir, et vous vous lèverez, Sylvain, parce que vous n'avez plus de fièvre. Votre mère est fatiguée car elle s'occupe trop de vous. Vous mangerez ce qu'elle vous donnera de ma part. C'est de la viande et je sais que vous ne voulez pas en manger, mais vous ferez un effort et vous mangerez tout. Votre mère sera contente de vous voir manger. Adieu ! Je sais que vous ne serez plus malade si vous ne voulez plus l'être.

– Vous ne reviendrez pas ce soir ?

– J'ai autre chose à faire que de vous soigner quand vous n'êtes pas malade !

– Vous avez raison, Fadette ; vous croyez que j'aime vous voir par égoïsme, mais c'est autre chose. Je me sens si bien quand je parle avec vous !

– Eh bien, vous savez où j'habite. Vous savez aussi que je vais être votre sœur par le mariage comme je le suis déjà par amitié ; vous pouvez donc venir me voir.

– J'irai, puisque vous me le proposez, répond Sylvinet. Au revoir, Fadette. Maintenant je vais me lever. Vous m'avez guéri. J'aimerais tellement être toujours avec vous ! Je vous aime beaucoup.

– Et moi je vous aime comme si vous étiez mon besson.

– Si vous le pensez réellement, Fanchon, dites-moi tu et non pas vous.

– Allons, Sylvain, lève-toi, mange, parle, et promène-toi, dit-elle en se levant. Demain, tu travailleras.

– Et j'irai te voir, ajoute Sylvinet.

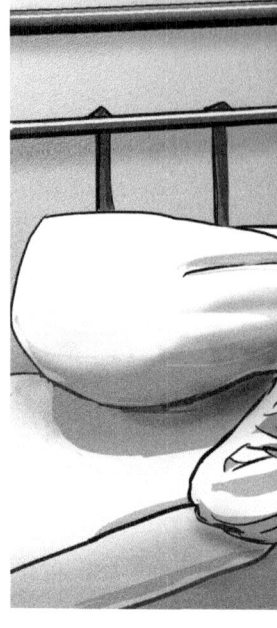

***

– Sylvinet va beaucoup mieux, dit la mère Barbeau à son mari. Il a mangé de tout et il parle de la petite Fadette comme du bon Dieu.

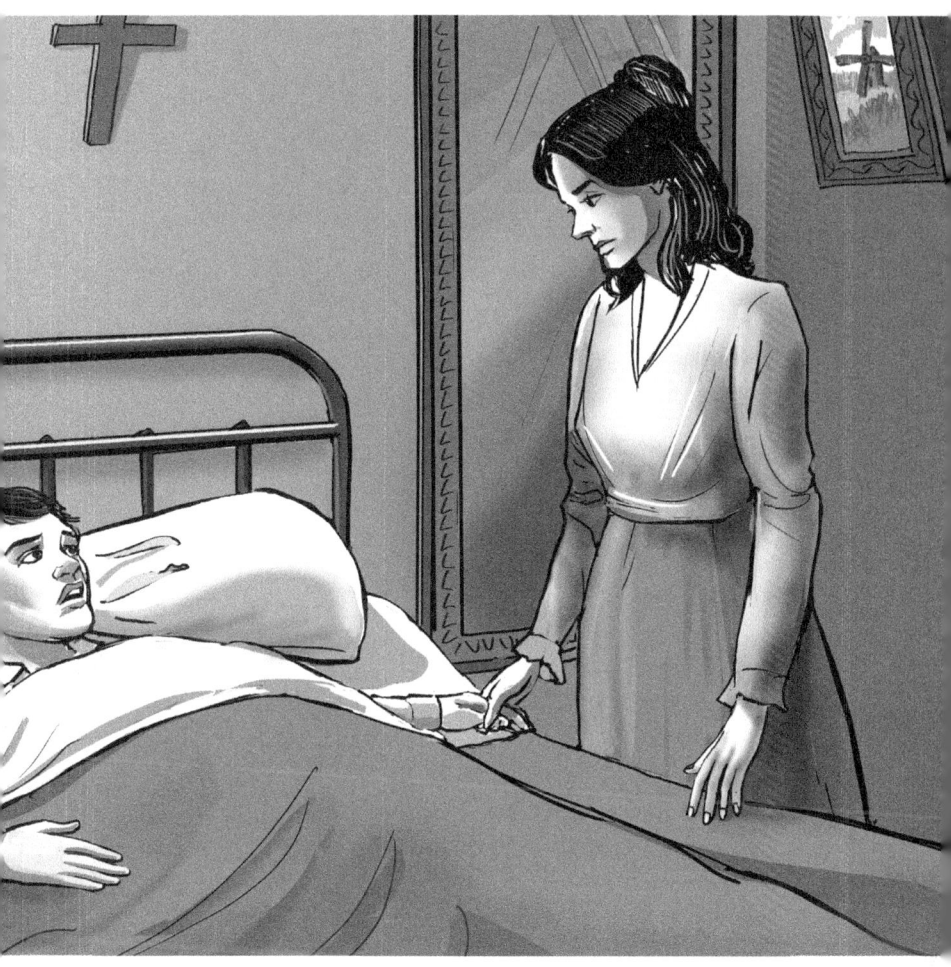

Maintenant, il désire le retour de son frère et son mariage. C'est un vrai miracle[1] !

Trois jours plus tard, Sylvinet va chercher son

---

1. Miracle : fait extraordinaire.

frère à Arthon car il veut être le premier à lui annoncer son bonheur.

– Je suis vraiment très heureux, dit Landry en l'embrassant, puisque c'est toi qui viens me chercher et que tu parais aussi content que moi.

CHAPITRE XII

*P*ENDANT LES MOIS qui suivent le retour de Landry, toute la famille est très heureuse. Le père Barbeau donne la main[1] de la jeune Nanette à Cadet Caillaud, qui est le meilleur ami de Landry, et il annonce que les deux noces[2] auront lieu le même jour.

Sylvinet a tellement d'amitié pour la petite Fadette qu'il ne fait rien sans lui demander son avis.

Un mois après le mariage de son frère et de sa sœur, comme son père lui demande s'il pense se marier un jour, Sylvinet lui répond :

– Je ne veux pas me marier, père ; je veux être soldat.

Tout le monde s'étonne de cette décision. Son père, sa mère, ses frères et sœurs, Landry lui-même parlent avec lui, mais personne ne réussit à le faire changer d'avis.

---

1. Donner la main : au XIXe siècle, les filles ne pouvaient pas épouser le garçon qu'elles aimaient sans avoir la permission de leur père. Le père Barbeau « donne la main » de sa fille à Cadet, c'est-à-dire qu'il donne à Cadet la permission d'épouser sa fille.
2. Noce : mariage.

Le père et la mère Barbeau demandent à Fanchon de parler avec Sylvinet.

Elle parle deux grandes heures avec lui et, quand ils se quittent, tout le monde voit bien qu'ils ont pleuré tous les deux.

— C'est la volonté de Dieu et notre devoir à tous de laisser partir Sylvain, dit-elle. Je sais bien ce que je dis, croyez-moi tous.

***

— Tu sais, dit un soir la mère Barbeau à son mari, je crois que notre Fanchon est une si grande charmeuse[1] qu'elle a charmé Sylvinet plus qu'elle ne voulait. Et Sylvain, voyant qu'il pensait trop à la femme de son frère, est parti comme soldat. Et c'est pour cela que la Fanchon a approuvé[2] son départ.

— Si c'est vrai, dit le père Barbeau en se grattant la tête, il ne se mariera jamais. La mère Sagette nous l'a bien dit : « Le jour où Sylvinet aimera une femme, il l'aimera encore plus follement qu'il n'aime son besson ; mais il n'aimera qu'une seule femme dans sa vie parce qu'il a le cœur trop sensible et trop passionné. »

---

1. Charmeur/euse : qui a une influence un peu magique sur une autre personne.
2. Approuver : être d'accord avec.

Les vêtements et les tissus

Bas : vêtement qui couvre le pied et la jambe.

Blouse : vêtement assez court qui couvre la chemise et une partie des pantalons pour ne pas les salir ou les abîmer. Au XIXe siècle, les paysans portaient souvent une blouse quand ils travaillaient.

Coiffe : au XIXe siècle, les femmes couvraient leur tête avec un genre de chapeau en tissu blanc ou en dentelle blanche.

Corsage : vêtement de femme qui couvre le haut du corps.

Cotillon : jupon. Le mot « cotillon » ne s'emploie plus actuellement.

Droguet : tissu en laine de mauvaise qualité.

Fagoté : habillé.

Fichu : morceau de tissu dont les femmes se couvrent les épaules ou la tête. Actuellement, on utilise davantage le mot « foulard ».

Guenilles : vêtements sales et déchirés.

Habit : vêtement.

Jupon : jupe de dessous.

Robe : vêtement féminin qui couvre le haut et le bas du corps, d'un seul tenant.

Sabot : chaussure en bois que portaient généralement les paysans.

Soie : matière produite par des insectes (vers à soie) et qui sert à faire des tissus.

Veste : vêtement à manches longues, avec des boutons devant, qui se porte sur la chemise.

1) Trouver l'intrus dans les séries suivantes.

jupe - robe - corsage - verger - coiffe
maladie - droguet - fièvre - peine - maladif
nourrice - père - frère - sœur - besson
pichet - vin - boire - récipient - couteau
inquiet - malheureux - triste - fête - fâché

2) Répondre par vrai ou faux.

a) On appelle Landry et Sylvinet des bessons parce qu'ils sont jumeaux.

b) Une nourrice élève les deux bébés.

c) Landry est plus fort que Sylvinet.

d) Le père Caillaud est content en voyant qu'on lui amène le plus fort des deux bessons.

e) Landry est fier de travailler chez le père Caillaud.

f) Sylvinet est content que Landry travaille chez le père Caillaud.

g) La première fois que Landry rencontre la petite Fadette, il danse avec elle.

h) Le père Barbeau est très content quand il apprend que Landry aime la petite Fadette.

i) La petite Fadette veut se marier avec Landry parce qu'il a beaucoup d'argent.

j) Sylvinet devient soldat parce qu'il se rend compte qu'il aime la femme de son frère.

3) Retrouver l'explication qui correspond à chaque mot.

1) jumeaux   a) chaussure en bois que portaient généralement les paysans.

2) gué   b) endroit d'une rivière où il y a peu d'eau et où l'on peut traverser à pied.

3) sabot   c) qui manque de courage.

4) lâche   d) deux enfants nés au même moment de la même mère.

5) drôle   e) amusant.

4) Former des couples de mots.

bru - drôle - salaire - médicament - remède - gages - amusant - belle-fille - fichu - foulard

5) Trouver sept noms de vêtements dans cette grille.

A	F	I	C	H	U	T
C	R	I	M	E	S	J
C	H	A	P	É	A	U
E	R	O	S	B	U	P
C	O	R	S	A	G	E
A	B	O	N	S	E	S
L	E	V	E	S	T	É

Solutions

1) verger ; droguet ; nourrice ; couteau ; fête.

2) a) vrai b) faux c) vrai d) vrai e) vrai f) faux g) faux h) faux i) faux j) vrai.

3) 1d, 2b, 3a, 4c, 5e.

4) bru - belle-fille ; drôle - amusant ; salaire - gages ; médicament - remède ; fichu - foulard.

5) jupe, robe, corsage, fichu, bas, chapeau, veste.

Édition : Martine Ollivier
Couverture : Fernando San Martin
Crédits photos
Couverture : © Poter_N/Adobe Stock
Page 3 : Portrait de G.Sand / Archives Nathan.
Illustrations : Conrado Giusti
Réalisation PAO : Marie Linard